AF292701

di Elisabetta GIULIANI

per le edizioni BOD

COMANDAMENTI MAGICI Per il Mondo che Verrà.
PRENDI QUESTA MANO, Poesie chiromantiche.
POESIA PSICOMAGICA, 100 incantesimi e una pagina vuota.
OUROBOROS, Confessioni di Fiamma Gemella.
NOSTOS, Archetipi Narratori.

ELISABETTA GIULIANI

QUARANTA,
Alchimie dell'età di mezzo

QUARANTA, Alchimie dell'età di mezzo © 2024
Elisabetta Giuliani - Tutti i diritti riservati

Copertina: Elisabetta Giuliani / Skander Nouira

Édition : BoD – Books on Demand, info@bod.fr
Impression : BoD – Books on Demand, In de
Tarpen 42, Norderstedt (Allemagne)
Impression à la demande

ISBN: 978-2-3224-9952-6
Pubblicazione: 21 Gennaio 2024

http:// WWW.POESIAEPSICOMAGIA.ONLINE

"I PRIMI **QUARANT'ANNI** DI VITA CI DANNO IL TESTO;
I SUCCESSIVI TRENTA IL LORO COMMENTO."

[DIE ERSTEN VIERZIG JAHRE UNSERES LEBENS LIEFERN DEN TEXT,
DIE FOLGENDEN DREISSIG DEN KOMMENTAR DAZU]

Arthur Schopenhauer

"IL SIGNORE TUO DIO È STATO CON TE
IN QUESTI **QUARANT'ANNI**
E NON TI È MANCATO NULLA."

Deuteronomio 8:2-5

Nota al lettore

Ho quarant'anni oggi, l'età magica, l'età di mezzo. Eppure di cose ne ho capite ben poche. Alcune di queste, però, pare che fossero ben impresse nel mio spirito già dalla più tenera età. Chiare e cristalline come un'evidenza, come verità svelatemi da chi disponeva della mia più totale fiducia.

E questo è un fatto piuttosto singolare, ora che ci penso: chi mi *raccontava* quelle cose, e con quale autorità? E' come se certe intuizioni - che io ho sempre sentito più vere del vero, più reali del reale, al punto da difenderle contro gli attacchi, i miti e le pressioni del mondo esterno - fossero parte di me da sempre. *Partí* di me, direi anzi, frammenti, voci, memorie di una Coscienza più vasta e senza tempo che mi chiama al confronto di continuo, e per tutto il resto della mia vita.

Non è forse un caso che io arrivi a questa conclusione proprio adesso che mi trovo nella mia "età di mezzo". Essere nel mezzo, infatti, significa situarsi in una zona di transito, un luogo dai contorni spesso indeterminati che marca il passaggio da una condizione all'altra.

Nel mondo antico e primitivo, i luoghi di questo tipo, come le porte delle città, i margini dei boschi, le colonne di frontiera, le soglie e i limiti dei territori, avevano tutti un carattere sacro: oltrepassare questi posti *liminari* implicava, infatti, una serie di precauzioni. Il re di Sparta, prima di partire in guerra, si fermava alle porte della città per fare i dovuti sacrifici; solo allora poteva iniziare i combattimenti. I generali dell'antica Roma, invece, di ritorno dalle loro campagne militari, si fermavano per un pò alla frontiera, dedicandosi a cerimonie rituali che permettessero loro il "ritorno" in società...

Questo "spazio sospeso", che prevede un vero e proprio cambiamento di stato, non è affatto un luogo di passività o di attesa inerte. Colui che entra nella *zona di confine* si espone, infatti, a una serie di prove difficili, a volte anche di violenze e umiliazioni, volte a valorizzare la sua identità e a testare quella capacità tutta umana di abbracciare ogni cambiamento. L'obiettivo sacro di questi antichi rituali è quello di staccare progressivamente l'Apprendista, l'Adolescente, il Novizio dal mondo a cui appartiene per accompagnarlo, e collettivamente, nel mondo che gli apparterrà. In questo modo, il rito di passaggio diventa quasi uno strumento terapeutico, capace di infondere sicurezza in alcuni momenti cruciali della nostra esistenza, quelli fatti di sfide e di "prime volte": entrare in pubertà, partorire, diventare genitori, perdere una persona cara, cadere in malattia, prendere i voti, abbandonare il nido familiare...

Nel mondo contemporaneo, i riti di passaggio sono diventati certo più impercettibili, ma esistono ancora. Contrariamente a quanto accadeva per l'uomo antico, questi sono infatti sempre meno legati a movimenti spaziali o temporali e riguardano invece dei cambiamenti più sottili, interiori e psichici. Il senso del rito, tuttavia, è lo stesso: rispondere a quel bisogno universale di dare un senso al mondo e alle cose, di morire a se stessi per poi rinascere, d'invertire e reinventare quel processo naturale di vita e di morte, l'entropia universale.

Anche avvicinarsi ai propri quarant'anni appartiene a queste profonde metamorfosi psichiche; è il momento in cui il "vecchio te" negozia l'avvenire con il "nuovo te", e lo fa in una zona di passaggio, in quella età di mezzo annunciata da un numero carico di significati.

Quaranta è infatti un archetipo, e dei più emblematici. Più volte menzionato nei testi sacri delle tre religioni monoteiste, sta a significare l'attesa, la prova, la rinuncia, la punizione, ma anche il tempo che occorre all'uomo per "osservare" l'opera di Dio. In chiave più esoterica, il numero quaranta porta in sé lo stesso significato del numero tredici: spezza la ciclicità, introduce il caos e il mutamento profondo, invita alla morte simbolica, che non è altro che una morte alchemica.

Come la falce dell'Arcano senza Nome, la sua azione è profondamente trasformatrice. Morire, si, ma solo per rinascere ancora, dopo aver superato l'ambiguo, l'altilenante, il precario che abita le nostre vite.

Per l'uomo biblico, rappresentazione simbolica di una coscienza collettiva più primitiva, tale "passaggio" è quasi sempre vissuto come una catastrofe: serve all'uomo "primordiale" provare la fame, la sete, la tentazione del demonio, il flagello divino prima di fare quel salto generazionale che già annuncia la vita nuova, la grande alleanza.

Così, simbolicamente, il numero quaranta è anche quello delle conversioni radicali, il tempo in cui *si comprendono tutte le cose*. L'età della ragione e della maturità sapiente.

E torno per un momento a quell'Autorità di cui parlavo prima, perché mi sembra fatta di tutte queste cose. Quella "voce" che, sin dall'infanzia, non ha mai smesso di dirmi la verità. Allora, converrebbe qui pensarla come Paracelso, quando dice che "chi desidera conoscere la Verità, deve essere in grado di vederla."

Il vero osservatore, infatti, non è spettatore passivo ma alchimista, l'agente magico delle sue proprie trasformazioni. Arrivare tuttavia a una tale consapevolezza è un processo lento, nei testi sacri durerebbe *quarant'anni:* quattro simbolici decenni, come il regno di Davide e Salomone. Il tempo, insomma, di un'intera generazione.

Accanto all'athanor, il forno in cui perennemente arde il fuoco delle trasmutazioni, l'alchimista segue infatti il monito "Festina lente". Affrettati lentamente.

Accogliere le trasformazioni del proprio mondo, interiore ed esteriore, comprendere ciò che va conservato, ciò che invece è necessario lasciare andare, abbandonare vecchi schemi e copioni di vita sono tutte conquiste che non possono essere raggiunte bruciando le tappe. *Festina lente.*

A questo sono serviti anche i miei quaranta inverni. E' nel loro ghiaccio implacabile che ho distillato le alchimie di queste pagine. Dal freddo al caldo, dal buio alla luce, dal piombo all'oro.

A quarant'anni, davanti a "ciò che sempre è" - la mia coscienza? L'Autorità interiore? -, io ho offerto al fuoco alchemico tutto ciò che ho e tutto ciò che ho perso, senza omettere nulla. Di queste offerte vi racconto adesso, di queste piccole e colossali trasformazioni.

Il rito di passaggio che qui consegno è mio e mio soltanto. Ma ciò che l'Autorità dice, quello, è da sempre cosa di tutti.

BARI, 21·01 1984
PARIGI, 21·01· 2024

QUARANTA ALCHIMIE DELL'ETÀ DI MEZZO

Davanti a me, che sempre sono, sempre stanno i tuoi sacrifici, le offerte amorose, gli olocausti ardenti. Non sono forse io, per te, l'unico Dio e l'unico altare?

Non ti rimprovererò, perciò, per questi anni di diluvio. Altro non avevi da offrirmi se non i tuoi occhi umidi, aperti a stento, due ombrelli rotti. Che cosa non hanno pianto, per amor mio, quegli occhi tuoi?

Io lo so, lo so che hanno pianto le estati, le notti, le mattinate di sole e di zucchero. Ogni viale hanno pianto, ogni incrocio che svoltava altrove, e tutte le nuvole basse. Mi hai offerto le tue ciglia disperate. Come rondini nere sono volate via.

1

Davanti a me, che sempre sono, sempre stanno le tue parole a digiuno. Le hai nutrite di silenzi possenti, vorticosi come Maëlstrom, profondi come pozzi di oscuri desideri.

Tutta la tua gloriosa bellezza viene da una stessa assoluta privazione: ti hanno dato le cose che tutti vogliono. E tu, per diventare come tutti, te ne sei spogliato, una ad una.

Nuda, affamata, ubriaca di nostalgia, la tua parola assente è formula magica, parola di medicina.

Dei digiuni passati ne ha fatto un lauto banchetto che ora nutre me, e gli altri dèi.

2

Davanti a me, che sempre sono, sempre stanno le tue preghiere tese, sollevate come dubbi, generate, non create. Della stessa sostanza dei sogni. Quant'è intima quella parola che mi hai detto a mani giunte?
Dietro ogni pensiero, dentro ogni intenzione, era la Volontà sola che ti preparava la strada.

Le cose dell'Amore, le hai ragionate e vinte. Il peso del mondo, l'hai confinato in una vecchia canzone. Alla poesia, tu abbandoni ciò che non sa finire.

Con quaranta rime baciate conquisti il mio cuore e sai che, svuotando tutte le metafore, puoi riempirti di cieli e oceani.

3

Davanti a me, che sempre sono, sempre stanno i tuoi passi incerti, e le traiettorie multiple, e le tante erranze feconde.

Vai tu, da sempre, per quelle strade che non puoi evitare. Non c'è viaggio che non sia esodo, o caduta, o pellegrinaggio. Cos'è che impara a *vagabondare* insieme agli anni tuoi?

Certi deserti t'insabbiano a tradimento, e tu li lasci fare. Il senso di colpa procede a tentativi, lo sai, e tutto tritura tra i suoi denti aguzzi.

Tu mi porti adesso le tue ossa rotte, i tuoi trapassi, le tue resurrezioni. Ma niente è immobile, *niente è immobile*. Tante aurore hai visto e vedrai ancora, con quei tuoi occhi di araba fenice.

Davanti a me, che sempre sono, sempre sta il tuo cuore coraggioso, la battaglia con i passati spiriti, le passate cose, e ogni fine strategia che, in fondo alla notte, tu prepari con te stesso.

Conosco la tua giustizia, che è tutto fuorché cieca. Va a pesare le cose che sono state; forse leggere come una piuma, forse pesanti più di un macigno.

Nelle tremende sfide, tu usi la tremenda legge: ciò che è bello e vero e giusto comanda sempre il più alto sacrificio.

Ne hai perse tante, ne hai vinte tantissime. Sotto il piede divino hai tenuto ora il Drago, ora la serpe, ora il perduto amore.

Davanti a me, che sempre sono, sempre sta l'oggetto delle tue fantasie. Strisciante, nascosto, uno scorpione che fa tana sottopelle.

Tu resisti al desiderio come il labirinto alla fuga: lo contorci, lo comprimi, lo articoli nei lunghi corridoi della mente, lo intrappoli nei vicoli ciechi della volontà.

Alla tentazione irresistibile sai opporre lo *squisito dolore* di chi ha fame e non mangia, di chi ha sete e non beve. Nella tua astinenza attenta tu mantieni viva la mancanza di tutte le cose.

In quaranta inverni tradisci quaranta estati: qual è il valore di una promessa che uno estorce a se stesso?

Davanti a me, che sempre sono, sempre stanno le tue persone scomparse, e gli addii difficili, e le promesse dell'Oltre. Quante volte l'invisibile ti ha invitato nella sua casa?

Nell'età tenera, la Falce ha colpito per prima, e come una premonizione. Da allora, tu sempre ti prepari a ciò che viene a mancare.

Il tuo Averno rigoglioso è un giardino dove tutto riposa in pace. O forse qualcosa formicola ancora - *laggiù, là sotto* - come un vago ricordo, un arto fantasma. Come una speranza riposta dove nessuno osa andare a cercare.

Le tue parole appartengono agli epitaffi, i denari guadagnati sono oboli per Caronte. Tu vegli su di me, nell'ora crepuscolare.

Il tuo canto è per l'urna blu.

Davanti a me, che sempre sono, sempre stanno i tuoi nuovi inizi. Tu scali le vette, e costruisci cose e il mondo impollini di idee che vengono da iperurani dimenticati, da atlantidi perdute.

Hai la qualità dell'Eroe che cambia il mondo perché sa cambiare sé stesso. Ti ho visto, nei progetti più ardui, animato come da un fuoco, come da una volontà altissima. Tu fai l'amore come fai la guerra, con assoluta applicazione.

Tu passi da vita a vita, partorendoti incessantemente. Ogni travaglio è una piccola morte, un fiore offerto... lo coglierai, per me?

Tu manipoli il tempo con fare di Demiurgo, lo tiri e lo allenti, a tuo piacimento. Ogni tua destrezza, così, mi espande. Io che sono te, *ben oltre te.*

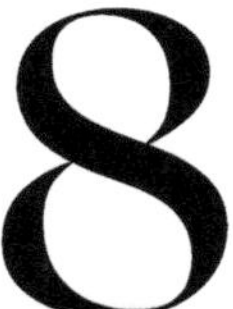

Davanti a me, che sempre sono, sempre stanno le tue vie di fuga, e le astute evasioni, e le mani forti che spezzano le catene.

Nella prigione di questo mondo, tu sei il costante fuggitivo. Non c'è verità che non abbia messo in discussione, tirannia che non ti sia impegnato a rovesciare. Non c'è famiglia - di sangue o d'anima - che non ti abbia eletto, un giorno, la sua pecora nera. Quant'è alto il prezzo della tua libertà?

Davanti agli inganni del nostro tempo, tu resisti, oh immune sentinella! Tu lo sai! Sai che ordine e caos sono fratelli, come sonno e risveglio, schiavitù e sovranità. Sei il faraone impietoso, si, e Mosè liberatore.

Davanti a me, che sempre sono, sempre stanno i tuoi colpi di genio, e le luccicanti intuizioni, e quel senso del mondo e delle cose che viene da chissà quali sussurri celesti.

Perché è a te che si confidano angeli e demoni? I mondi invisibili ti svelano i loro piani; è te che cercano per le eterne alleanze, per tessere le mitologie, per scegliere case e patrie in cui tu non sarai profeta.

Le parole divine sanno di coincidenze significative, e tu non le sveli. Tu le nascondi nelle rime e nei chiari di luna, tu le leghi a simboli che sono tutti da inventare. In una danza le lasci, abbandonate al loro oscuro movimento. Per i molti che non capiranno, ce n'è uno che ne vedrà le amorose *corrispondenze*.

Davanti a me, che sempre sono, sempre stanno le tue cerimonie improbabili, e i debutti in società, e i minuti imbarazzanti al momento delle presentazioni.

Come un trofeo di carne e sangue, ti hanno esposto agli sguardi divoratori, dato in pasto alle curiosità accecanti, alle voglie matte di chi brama la luce che sei. Il piedistallo s'è fatto croce, il palcoscenico si è aperto a precipizio e tu, nella gola del lupo, hai offerto alla platea cannibale i tuoi sorrisi migliori. Sai tu che ogni *sacri-ficio* ti ha *fatto-sacro*?

Il Tempo che vivi ti presenta nudo alle sue vergogne e tu, da sempre, le vesti di secoli e bellezza.

Davanti a me, che sempre sono, sempre stanno l'anima e il corpo, e tutte *quell'altre cose* che esistono nel mezzo.

Cosa voglia l'una o l'altro forse ancora non lo sai; sai però che viaggiano insieme, due gemelli lontani e siamesi, e insieme vengono a cercarti per reclamare ciò che è loro.

Ora gode e ora duole, ora è anima e ora è corpo, e sono io che ora parlo per parole che non capirai.

Cosa trova il corpo, che l'anima ha perduto? Cosa sogna l'anima, che il corpo non sa immaginare?

12

Davanti a me, che sempre sono, sempre stanno le intrepide ascese, e le strade lunghe tortuose, e le vette e gli abissi che mi separano da te.

Io sono la voce del vento, il sussurro tra i pini; sai tu che il mio canto non si distingue dalla Natura? Per quaranta giorni e quaranta notti, per quaranta oceani e quaranta foreste, tu sei andato cercandomi dove non sono stato mai.

Il cielo t'ha voluto plutonico, la terra ti ha fatto lento più un secolo. E in tutte le tue moltitudini, sono io la tua sola contraddizione.

Chiami Dio ciò che non vedi e non capisci; eppure io ho mai smesso di svelarmi.

Davanti a me, che sempre sono, sempre stanno i tuoi alleati invisibili, gli angeli tutelari, i grilli parlanti e tutte le antiche anime che, luccicanti, ti camminano affianco.

I numi, un giorno, hanno fatto di te la cosa preziosa che sei: ti hanno dato occhi per vedere, orecchie per sentire, e spirito e cuore per comprendere le forme multiple del vivente. Ogni grazia che t'accade, ogni colpo di fortuna, è l'opera di una mano misteriosa che scioglie i nodi e libera. Dalla morte? Dal sonno della ragione? Dalla paura?

Pure i tuoi giorni tragici, le Muse li trasformano in un canto d'amore: esiste, forse, un verso più sincero di quello che scrivi con lacrime e sangue?

Davanti a me, che sempre sono, sempre stanno le tue sconvolgenti trasformazioni. Quante volte hai incontrato la Morte? Quanti fiori hai deposto sulla tomba delle cose che sono state?

Come un guanto, la pelle tua ha indossato inverni e primavere, gioie e disperazioni. Ogni cosa che hai lasciato entrare ne ha scacciata via un'altra, che questo mondo s'innamora dei vuoti e mai delle pienezze. E della morte teme l'inghiottimento ultimo, la notte nera, finale, la carcassa divorata dai vermi.

Sei tu, invece, l'uroboro magico; tu inventi e crei e distruggi, e sacre fai le metamorfosi, le parole d'oblio, gli addii del cuore. E poi quelli della mente.

15

Davanti a me, che sempre sono, sempre stanno gli alberi possenti, tra di loro intrecciati, come genealogie. Sta la sabbia nelle clessidre, e la cattedrale eterna, e il fossile che dorme nel ventre della terra.

Il tempo ha le sue leggi, e tu le conosci tutte. Tu ricordi il futuro e inventi il passato, ma è il presente che ti dà appuntamento, ogni volta con un volto diverso, ogni volta come il dono di un'intera generazione.

Ascendenti e discendenti si incontrano, allora, nello stesso destino genetico: sai tu che hai ereditato molto più di quei due occhi di mare, di quella pelle di neve?

16

Davanti a me, che sempre sono, sempre stanno i colpi di ritorno, e i contrappassi karmici e la prima metà della vita amministrata da una giustizia che ripara e retribuisce.

Tu che hai fede nella antiche alleanze, sai rimettere alle altissime cose la grazia, la rettitudine, ma anche le gloriose punizioni.

Poiché è al giusto che tutto andrà bene, e così godrà del frutto delle proprie opere. Ed è l'empio, invece, che avrà male, e a lui sarà reso quello che hanno fatto le sue mani.

Chi separa i giusti dagli empi, se non quel primissimo soffio d'amore?

Davanti a me, che sempre sono, sempre sta il tuo spirito indivisibile. Ogni evento della tua vita, glorioso o tragico che fosse, ti ha trovato compatto come la monade, stoico e fermo come roccia di menhir.

Sotto gli orribili colpi, sotto le insidie della Fortuna, i tuoi cocci rotti sanno com'è che si rimane coesi, vicini. Solidali. Nel *kintsukuroi* prezioso che tu sei, tutte le cose si frantumano all'infinito; si dividono e si moltiplicano per sé stesse. Ogni equazione, in te, ha un'incognita che non si risolve.

Tu lasci entrare chi porta la tua stessa cifra, il tuo stesso segno: il tuo sangue si divide, si dona a tutti, universalmente. Ma solo sa ricevere da chi ha il suo stesso valore.

18

Davanti a me, che sempre sono, sempre sta quell'incontro magico, e le parole nostre che attraversano il tempo, e gli occhi nostri che si riconoscono per la prima volta. E poi per tutte le altre.

Sai tu che mi ami da sempre? Sai tu che è la mia voce che senti nel vento, nel padre, nell'amato?

Ogni volta che aspetti il mio ritorno, tu inizi a ricordare. Io sono ciò che sei e che sarai, il fine ultimo, la primissima ghianda.

Non c'è inciampo che tu non abbia voluto. Non c'è imprevisto che non sia stato sapientemente pianificato. Tutte le coincidenze si rivestono di profezie.

19

Davanti a me, che sempre sono, sempre stanno i tuoi paradisi in terra, e i nascondigli certi dell'infanzia, e i cieli di porpora che sanno chi sei.

Ho visto i tuoi pensieri farsi oasi rigogliose, nascoste tra le dune, colme di meraviglie. Ho visto la tua immaginazione attingere a ogni fonte, tante coppe di sangue e latte con cui banchetta la Provvidenza.

Nel mondo strano e straniero, tu cerchi i luoghi e i lori *genii*; hanno esaudito i tuoi osceni desideri? Hanno accolto le offerte, gli ex-voto, le invocazioni proferite da lingue morte e vive? Il tuo Eden è un corso d'acqua; qui tutto affoga e risale in superficie. Che se quaranta sono le vie, quaranta saranno anche i ritorni.

Davanti a me, che sempre sono, sempre stanno le stagioni del tuo regno. Lentissime, vaghe e maestose, come ali di drago, come lune di inverno.

Sovrano delle cose che sono, tu non affretti il passo, tu non precipiti le parole; che le cose buone dell'amore il tempo solo sa regalarle. In un'ostinata ripetizione.

Tornano i ricordi, tornano con tutti i loro respiri. Li vedo adesso, tremendamente ampi, aperti come mantici di vecchie fisarmoniche.

Tu crei i tuoi mondi inconsapevoli. Tu fai la legge, e poi l'infrangi e tutto rimetti a un giudice invisibile che porta i tuoi stessi occhi.

21

Davanti a me, che sempre sono, sempre sta Colui che implora il tuo perdono. Quante volte l'hai visto mettersi in ginocchio? In quante lacrime si contava il suo pentimento?

Tutti i nodi vengono al pettine, e i tuoi sono i più intricati di tutti. Ho visto, in tali grovigli, cose distorte e strane, come visioni, allucinazioni, come neri pensieri: il passato, il futuro, il cielo stellato e l'abisso, la madre, il padre e lo spirito alto, santissimo.

Tutte le coincidenze hanno lo stesso significato, tutte le lancette segnano la stessa ora: nel giorno del tuo giudizio, la verità perdona chi sa guardarla negli occhi.

Davanti a me, che sempre sono, sempre stanno le otto punte di una fonte battesimale, e il monte col suo castello federiciano, e la rosa dei venti che otto volte mira *in quella direzione.*

Tu che hai sovrana la luce e l'ombra tiranna, sei lo snodo tra il sopra e il sotto, il luogo di transito tra un'esistenza e l'altra. La valle ambigua, mediana, in cui la prudenza lacera e il rischio ripara.

Gli otto petali del loto fanno la tua corona celeste; ogni geometria è sacra, ogni numero è coscienziale. Sai tu che il tempo si ripete in ottave? Sai tu che il traguardo, dopo i sette cieli, è così simile alla vita, così simile alla morte?

23

Davanti a me, che sempre sono, sempre stanno fioretti e penitenze, e le promesse che sai farti di fronte al mare, e le valorose astinenze dello spirito e dell'immaginazione.

Tu che senti la catastrofe imminente, tu che per primo ti accorgi dell'ombra, del precipizio, dell'oscuro pensiero, sai che c'è sempre *qualcosa* da offrire agli dèi, c'è sempre *qualcosa* che ci spoglia e ci riduce.

L'austerità che accogli è la mia bellezza: sei una fortezza d'oro massiccio, senza porte, né finestre; sei una pietra di cattedrale, scolpita di mostri, satura d'indicibili confessioni. Mi hai dato tutto, anche ciò che non avevi. E per questo, adesso, io ti consegno ogni cosa eterna.

Davanti a me, che sempre sono, sempre sta il tuo doppio, l'altro viandante sul cammino opposto, il gemello parallelo.

Di ogni cosa, questo mondo sostiene due versioni: bianco contro nero, giorno contro notte, maschio contro femmina. Quale *altro te* è, adesso, contro te?

Sulla riva avversa, il Doppelgänger osserva. Tu taci, e lui urla; tu abbassi lo sguardo e aspetti e ti nascondi, e l'altro attacca, fissa dritto degli occhi, e tutto piega al suo passaggio.

Nella vostra intesa gemellare ogni miracolo si compie: chi ha il segreto della vita, avrà così anche il segreto della morte; chi conosce la parola, comprenderà pure il silenzio.

25

Davanti a me, che sempre sono, sempre stanno gli infiniti giochi. Stanno i fanti e i cavalieri erranti, stanno le coppe traboccanti d'amore, e le spade e i bastoni che le difenderanno.

Per quarant'anni ti ho visto rimescolare le carte; hai invertito semi e colori, hai scambiato re per donne e denari.

La tua vita è un filo teso, intrecciato a moltitudini di altri fili. Chi conosce la tela tutt'intera? Chi può apprezzarne davvero il disegno?

Il tuo filo, *tu lo perdi*. Come un discorso interrotto, una timidezza d'amore. Come una partita a carte giocata con brio, e senza assi in mano.

26

Davanti a me, che sempre sono, sempre sta ogni capitolo della tua vita, liberato, offerto al setaccio della memoria, piantato forse *un po' più in là.* In fondo all'avvenire.

Quali sono le tue pagine migliori? Le hai scritte tu o quell'altra mano, gloriosa e invisibile, che chiami destino?

Ogni parola è un testamento. E tu hai preso cura delle tue, ne hai fatto la tua ambizione più alta, la più bella delle conquiste. Perché, è vero che dopo le fortune ci saranno altre fortune, dopo i giorni felici ci saranno altri giorni felici. Pure dopo i grandi amori ci saranno altri amori. Ma dopo le parole, no. Dopo le parole sprecate non resta che il silenzio di Dio.

27

Davanti a me, che sempre sono, sempre stanno le tue ore continue e adoranti, spese in lunghezze senza spazio e senza tempo.

Così, solennemente, tu esponi agli sguardi devoti il corpo inerme dei vecchi desideri. Quant'è lungo il sonno di chi non ha vissuto mai?

Il tuo mondo non è fatto per imparare serenamente. Non fa come la foglia che sa che, se prima è stata seme, poi sarà fiore o frutto. E poi ancora seme.

No, il tuo mondo impara solo tragicamente e tutti espone allo spettacolo della sua miseria. Dopo il peccato cerca la penitenza, e dopo la penitenza cerca la via per peccare ancora.

28

Davanti a me, che sempre sono, sempre stanno le tue quarantene.

Quante volte, di spalle al mondo, ti sei chiuso in compartimenti stagni? Da quante finestre, poi, hai tirato giù le tende opache, sei rimasto immobile a spiare, *là fuori*, qualcosa che assomiglia alla vita, alla gioia?

Tu ti metti in disparte, malato di troppa bellezza, untore di parole, di dubbi, di poesia.

Nei tuoi quaranta confinamenti, però, nessuno sa che andavi sempre un po' più in là, dove sono anch'io.

È da *quel posto sconfinato* che prendi la tua forma unica, quella voce che tutto incanta. È da lì che io ti parlo, adesso, e ti tendo la mano.

Davanti a me, che sempre sono, sempre stanno i falsi profeti, i maghi, i santi, gli amanti adulatori, e tutti coloro che corrompono la verità.

Ma tu, per via di quel dono che hai, altissimo, un dono che ancora non sai, che ancora non conosci, tu vedi gli artigli che feriscono il mondo, tu indovini il lupo che sta dietro all'agnello. Tu non bevi le bugie pur ricoperte di miele.

Gli impostori che regnano sul mondo non entrano nel tuo cuore. A loro, da sempre, tu offri due cose: ora lo sdegno indifferente, ora una poesia d'amore e libertà.

Davanti a me, che sempre sono, sempre stanno i tuoi riti di passaggio. Nei hai vissuto almeno uno, o forse quaranta. E tutti, in te, trasformano la materia più umida e nera.

Ricordi com'eri prima? Com'era prima il vento, la terra, il cielo stellato?

Si va, per via della vita, per via della morte, sempre su passi di solitudine.

C'è da poggiare il vuoto da qualche parte; ma tu te lo porti dietro, prima e dopo aver attraversato il bosco, prima e dopo aver giocato col fuoco. Prima e dopo aver conosciuto l'Amore.

31

Davanti a me, che sempre sono, sempre sta l'attrazione dell'abisso. Se lo sposo oscuro ti chiama, tu ogni volta rispondi coprendoti il volto di veli.

Ti ho visto spasimare per quella *materia nera*, o era questa, piuttosto, a cercare te, così ostinatamente? È vostra la notte e senza sogni, e la luna di miele che vivete adesso è un tempo di lutto: ciascuno piange, nell'Altro, la scomparsa di sé stesso.

Un cero accendi, in religioso silenzio; nell'ora faticosa, ogni singhiozzo pare chiamare il mio nome.

Non conosco il dolore, né la gioia. Io sono già *al di là del velo*, dove Persefone addenta il melograno.

32

Davanti a me, che sempre sono, sempre stanno gli strani cedimenti, i primi fili d'argento tra i capelli e l'autunno che senti arrivare non fuori, ma dentro le ossa.

Perché ti curi del tempo, tu che sei cosa immortale? La materia che poco a poco si sgretola non fa che avvicinarti alle stelle, agli oceani, al tutto vibrante. Sei il sogno esiliato in una scatola, il genio nella lampada magica. Sei caos e bellezza nel vaso di Pandora.

Gli anni magici che compi ti compiono a loro volta, ti consegnano i segreti di tutte le forme.

È da qui che ogni cosa vecchia può ritornare giovane.

33

Davanti a me, che sempre sono, sempre stanno le tue unioni più sacre. Tu che sposi e scegli te stesso, in ogni istante della tua vita.

Cosa hai pensato di te, la prima volta che ti sei *visto* veramente? Quale parola ti sei detto, un giorno, che ancora oggi ti turba, ti offende, ti innamora follemente?

Sono io il guardiano delle tue intenzioni, è da me che si attraversano i tempi. Davanti ai miei occhi ti sei scambiato i più alti volti, le più tenere promesse. Sono io il ministro di *quella* fede che non ti abbandona, il testimone delle tue nozze interiori.

Dimmi "si, lo voglio!", e anch'io lo vorrò per sempre.

34

Davanti a me, che sempre sono, sempre sta il giardino delle tue cose perdute. Lo coltivi ogni giorno, con l'agilità di un acrobata, con la fantasia di un drago, e mai te ne accorgi.

Tu scegli i tuoi tesori come fa la gazza ladra: più brillano e più li nascondi. Non sai quanta ricchezza aspetta di uscire allo scoperto, non sai quanti occhi si aprono solo per te.

Sull'altare di ciò-che-non-fu-mai, hai conservato l'inutile, hai bruciato l'importantissimo. Tutto cresce a dismisura nel giardino delle cose perdute. Gli alberi, *lì dentro*, fanno fiori e frutti che si dimenticano. Ma tu a loro dedichi poemi epici in pentametri giambici.

35

Davanti a me, che sempre sono, sempre stanno le impurità del tuo cuore. E i sentimenti che hai quando queste si radicalizzano, e i pensieri che fai quando queste ti ossessionano. Con quanti battesimi d'acqua lavi via le tue colpe? Quanti saranno quelli di fuoco?

In ogni immersione difficile, tu ritorni all'innocenza. Un tempo magico, fragilissimo, su cui poggia l'intero palazzo che chiami Coscienza. Chi abita, adesso, le sue alte torri? Quali arazzi silenziosi corteggiano quei muri?

Tutto, in quarant'anni, ha assediato il tuo palazzo, lo ha esposto ad ogni rovina. E ancora non vacilla.

36

Davanti a me, che sempre sono, sempre sta il tuo ordine nel caos. Di tutte le cose irrisolte, di tutti i grovigli dell'anima, tu estrai il vizio, l'errore, l'indicibile incongruenza: non c'è ombra che non sia esposta all'ultimo giudizio, al vaglio autentico e sincero della luce.

Da quarant'anni tu limiti gli eccessi, tu contieni l'incontenibile, tu temperi voglie e folli desideri. Lo fai come la gelida Papessa, seduta sul tuo trono di veli occulti e sogni.

Le cose belle brillano di paura. *Le cose belle brillano di paura.* Sono qui per vederti straripare, tu che sei nero di creature, denso di accadimenti. Sono qui per vederti sporcare il mondo del tuo limo terrestre.

37

Davanti a me, che sempre sono, sempre sta la prima metà della tua vita. Quali premonizioni nasconde? Cosa prepara, in embrione, di tutte le cose che verranno?

Il tuo passato è il tuo futuro, ma non solo. Ma non solo. Tutto si muove a spirale nella ruota del tempo. Tutto ritorna, in cerchi concentrici.

Chi ha gettato il primo sasso nel liquido amniotico del mondo? Quali onde, da lì, si propagano adesso che legano me a te, due facce della stessa medaglia? Su questa riva e in quella opposta, sei tu ora nell'età che tutto svela, che tutto comprende. L'intuizione che hai di giorno, si fa grazia rivelata di notte.

38

Davanti a me, che sempre sono, sempre sta la fonte di tutte le cose, una sorgente viva, elettrica, incontinente. Generosamente aperta su ogni sete possibile.

C'è qualcosa che va irrigando i nostri sogni, che nutre gli avventurosi, che affoga gli sventurati. Come acque dolorose di kraken, come un ventre di balena. E' una materia umida, nera, e fredda, è un lago nel silenzio notturno. Assomiglia alla voce della madre, di tutte le madri del mondo. E ci ossessiona e ci collega tutti, che non c'è attrazione più forte del canto delle vite passate.

Tu t'immergi in queste acque miracolose, lo fai per quaranta volte e quarant'altre ancora. I ricordi tuoi, lo sai, sono il mio battistero.

Davanti a me, che sempre sono, sempre sta il tuo racconto particolare, quaranta variazioni sul tema di un altro racconto, eterno e universale.
Io, in ascolto, tutto traduco per te in sogni e simboli: quanti ne hai indovinati davvero? Quanti ne hai persi per strada? In cambio della malinconia, ti ho dato un giorno una luna piena; l'amore perduto era in *quel* binario morto, in un volo in partenza. Nell'accordo di una canzone ho nascosto il tuo corpo e il suo desiderio; in ogni numero doppio ho ripetuto per te le mie benedizioni...

Io sono te che vai spezzandoti nel tempo e nello spazio. Io punto e tu linea retta, io origine e tu suono. Io inizio senza fine, e tu che incontri oggi la tua età di mezzo.

NOTE SULL'AUTORE

Elisabetta Giuliani è autrice, tarologa e counselor filosofico-spirituale. Nata a Bari, vive e lavora a Parigi dal 2010.

Specializzata in filosofia teoretica, semiotica del linguaggio e mediazione interculturale, Elisabetta dedica le sue ricerche all'indagine metafisica e spirituale.

Nel 2018 crea il blog "Poesia & Psicomagia", orientato alla fioritura personale attraverso la pratica poetica e psicomagica.

Ha conseguito numerosi premi letterari, in Italia e all'estero, pubblicando racconte di poesie, saggi e racconti brevi.

PER LE EDIZIONI BOD - PARIGI

COMANDAMENTI MAGICI Per il Mondo che Verrà. (2022)
PRENDI QUESTA MANO, Poesie chiromantiche.(2021)
POESIA PSICOMAGICA, 100 incantesimi e una pagina vuota. (2020)
OUROBOROS, Confessioni di Fiamma Gemella. (2019)
NOSTOS, Archetipi Narratori. (2018)